ILDEFONSO PEREDA
VALDES

CERVANTINAS

MONTEVIDEO

1 9 5 2

Editorial
Florensa & Lafon

ILDEFONSO PEREDA VALDES

CERVANTINAS

MONTEVIDEO

1 9 5 2

Editorial
Florensa & Lafon
Piedras 346

CERVANTES — por Elsa F. Tajes

EL QUIJOTISMO DE CERVANTES

 LGUNAS interpretaciones simbólicas del Quijote han sido rectificadas por la crítica cervantista, por la auténtica. La antítesis Don Quijote - Sancho se ha convertido en la síntesis Don Quijote - Sancho. Y han surgido muchas más, cada exégeta investiga su Quijote, con esa libertad que Luis Pfandl atribuye a cada lector, la de intuir la obra inmortal a la manera de cada uno.

¿Qué hay en el Quijote?, se pregunta Ramiro de Maeztu, y agrega: "Algo más ha de haber en esta novela cuando no falta quien ha creído encontrar en sus páginas un sistema de Teología y hasta un tratado de Medicina o Estrategia".

No busquemos, sin embargo, a fuer de buenos lectores, interpretaciones esotéricas: leámoslo con humildad y sencillez.

Las opiniones de los críticos del Quijote son tan contradictorias, que si unos lo alaban por frívolo, otros lo ensalzan por profundo. Si unos creen que encarna el ideal, otros los consideran: "La rechifla del entusiasmo" (Heine). Yo pienso —y pienso bien— que Don Quijote de la Mancha, el caballero de la triste figura, es don Miguel de Cervantes Saavedra.

No hablemos de los rasgos fisonómicos ya de sí coincidentes: Cervantes describe a Don Quijote, enjuto de rostro —y otros rasgos fisiológicos confirman el paralelo: de complexión recia, seco de carnes, etc.

¿No demostró Cervantes acaso constitución recia en las penurias y trabajos que soportó? Frisaba su edad en los cincuenta años, agrega después, Cervantes cuando escribe el Quijote tiene cincuenta y siete años, menos aun cuando lo concibió. Seco de carnes, demostró ser, cuando dijo: "el cuerpo entre dos extremos, ni grande, ni pequeño, la tez color viva, antes blanca que morena" en el autorretrato del prólogo de sus famosas novelas ejemplares.

Fué Cervantes, dice Manuel de la Revilla, en sus primeros años un mozo de viva imaginación, corazón generoso y ánimo emprendedor y aventurero, que devorado por inquieta ambición y lleno de ensueño de gloria, lanzóse a la vida en busca de aventuras y de triunfos, fiando demasiado en sus fuerzas y atendiendo poco a poco a los obstáculos que a cada caso nos presenta la realidad. En tal sentido tuvo algo de Don Quijote y pudo hallar en sí propio el modelo de su héroe". Así lo creo yo también —pero rectifico. Cervantes tuvo no algo de Don Quijote, sino lo esencial de su personaje: el quijotismo.

Pretendemos demostrar en este primer ensayo que Cervantes, antes de escribir su libro, vivió las aventuras de su personaje.

Simbólicamente cada una de las aventuras, y de los sucesos fundamentales del Quijote tiene su correspondencia real con la vida de su creador: viviendo su vida de aventuras aprendió Cervantes a pergeñar a su héroe: lo concibió en sí mismo, lo extrajo de lo más profundo de su espíritu. Lo demás que agregó fué material de relleno, como se dice en la jerga periodística, y así lo demostraremos en el ensayo siguiente. Don Quijote sigue una ruta agónica llena de sinsabores y fracasos (y agonía es lucha como afirma Unamuno). Todo lo que le acontece fuera de esa ruta o itinerario, es el tributo que paga Cervantes a lo convencional. Hay dos tendencias bien definidas en el Quijote: la elaboración del personaje, su ruta, su fracaso, su pasión y muerte; la otra, es el tributo de Cervantes a tres géneros en boga: el picaresco, el ejemplar (creado por Cervantes con una modalidad propia, tomando como modelo a Boccaccio), y el género pastoril.

Antes de escribir el Quijote, los episodios más destacados de su vida acontecieron en Italia y Africa.

Su itinerario recuerda el viaje y las aventuras de Eneas, pero en sentido inverso. Eneas sale de Troya, llega a Cartago y se asienta en el Lacio. Cervantes parte de Italia, llega a Grecia y termina su destino en Africa. Las circunstancias de arribar al Africa fueron fortuítas en el héroe virgiliano y en Cervantes. El piadoso Eneas se detiene en Cartago llevado por una tormenta; Cervantes, en Argel, por el cautiverio de piratas berberiscos. El cautiverio de Eneas es cautiverio de amor; el de Cervantes es forzoso, en uno hay encantamiento, en el otro, desdichas.

Los episodios de su aventura de Lepanto, de su viaje a Italia, y el cautiverio, se encadenan con las hazañas de Don Quijote.

Cronológicamente, estos episodios se desarrollan de la siguiente manera: 1ª etapa. Su viaje a Italia acompañando al cardenal Acquaviva. 2ª etapa: Las batallas de Lepanto, Corfú y Navarino. 3ª etapa y última: Cautiverio en Argel que dura cinco años (1575-1580).

El cardenal Acquaviva es el ventero del cap. III (1ª parte). Acquaviva le da el espaldarazo al caballero Don Quijote - Cervantes. ¡Armado caballero por un cardenal! En ese momento se siente optimista, lleno de fe en su ideal como Don Quijote en su primera salida. Nos imaginamos a Cervantes después de dejar el cargo de camarero, poco digno para un héroe, vestir el coselete, la adarga y la lanza del soldado español de todos los frentes de batalla: Venecia, Flandes, el Rosellón, y en Lepanto, declamando como su héroe: "Dichosa edad, y siglo dichoso aquél..."

En Lepanto, batalla tan descomunal como el combate de Don Quijote contra los molinos de viento (Cap. VIII), empieza la segunda salida de Cervantes - Quijote. La primera salida fué escaramuza de reconocimiento: fué probar las armas y armarse caballero, pura preparación para el combate. Lepanto será la prueba de fuego, como fueron los molinos para Don Quijote. En Lepanto, Cervantes padece su manquera, su trofeo fué un brazo perdido para siempre. ¿Y qué recogió Don Quijote después de la descomunal batalla de los molinos? Cervantes lo dice: "Acudió Sancho Panza a socorrerle a todo el correr de su asno y cuando llegó halló que no se podía menear: tal fué el golpe que dió con él Rocinante".

No perdió el ánimo Don Quijote, como no lo perdió Cervantes después de la batalla naval de Lepanto.

Cervantes interviene más tarde en dos combates: en Navarino y en Corfú: Don Quijote libra la batalla contra el gallardo vizcaíno. Y obsérvese que Cervantes habla de batalla en donde apenas se puede hablar de una riña, o disputa, y es porque conserva en su mente el fragor de la batalla, y piensa, sin duda, en Corfú, cuando escribe el capítulo IX, como pensó en Lepanto al escribir el capítulo VIII.

Y sin embargo: ¿Qué cosechó Cervantes en Lepanto y qué cosechó Don Quijote en la aventura de los molinos de viento: desengaños y sólo desengaños?

Y ambos; autor y personaje forjan sobre un desengaño una ilusión, Cervantes la de héroe, y Don Quijote —la ilusión de que Frestón el sabio, le había vuelto los molinos en gigantes.

Curado cuidadosamente de las graves heridas de Lepanto en un hospital de Mesina, Cervantes no abandona sus empresas bélicas. Como Don Quijote después de la aventura de los molinos de viento se apresta a una nueva hazaña: en 1572 se incorpora al tercio de Lope de Figueroa.

Lucha en Corfú y en las jornadas de Levante y Navarino. Asiste, según testimonio de su padre, a la toma de la Goleta y de Túnez. Don Quijote, luchando en compañía de su incomparable escudero contra los despiadados yangüeses, nos recuerda a Cervantes en Corfú y Navarino luchando contra los infieles con la fe puesta en su Dios y su Rey. "A lo que yo veo, amigo Sancho, estos no son caballeros, sino gente soez y de baja ralea". Lo mismo podía decir Cervantes o Lope de Figueroa de sus enemigos. No eran caballeros, sino gente despiadada y cruel, como lo iba a comprobar más tarde Cervantes en el cautiverio de Argel.

Cuando escribe Cervantes el capítulo XV de la 1ª parte del Quijote, su pensamiento está lleno del fragor de las batallas: "Las heridas que se reciben en las batallas antes dan honra que la quitan". Pensaba, sin duda, aquí, más en sus heridas de Lepanto que en las de su personaje. Porque la reyerta de Don Quijote con los yangüeses fué una pequeña escaramuza en la que dos valientes pelean contra más de veinte cobardes con armas desiguales: estacas contra tizonas.

Y Cervantes, sabiendo que las heridas que se reciben en las batallas antes dan honra que la quitan, rehusó bajar so cubierta y dijo que más quería morir peleando por Dios y por su Rey, que su salud, y pidió a su capitán que lo mandara a la parte y lugar que fuere más peligroso y allí estaría y moriría peleando. ¿Queréis una mayor consubstanciación entre el creador y su creación?

Y llega el momento más triste de la vida de Cervantes, el de su desventura cruel, como si un hado adverso lo persiguiera para convertir su ventura en desdicha, su esperanza en desesperanza.

Cuando Cervantes se había proveído de las cartas y recomendaciones indispensables para probar su comportamiento heroico como soldado contra el infiel, cuando todas aquellas glorias oscuras iban a brillar con el ascenso de grado a la más codiciada institución de la época, el ejército, aquellas cartas salvadoras lo perdieron.

Transcurren cinco años de oscuro y triste cautiverio en la espera siempre transferida del rescate.

Estos hechos dejan profunda huella en su obra. Los capítulos XXXIX y LX de la primera parte, la historia del cautivo es autobiografía novelada. El cautivo no es Don Quijote. ¡Pero qué de Quijote tuvo Cervantes como cautivo! ¡Cómo concibió esperanzas quiméricas como las de rescatar a todos los cautivos de Argel! Empresa digna de Don Quijote, no sólo por lo heroica, sino por la desproporción entre los medios y el fin. (Aspecto verdaderamente quijotesco de toda aventura). Por tales designios se le supone precursor de la colonización española en Africa. ¡Y qué heroismo digno de su creación el de Cervantes en las múltiples tentativas de evasión!

En el relato del cautivo encontramos detalles coincidentes con los hechos de la vida de Cervantes. Como Cervantes, el cautivo es hijo de padres de escasa hacienda. La partición de los bienes entre los tres hijos y el padre, la decisión de ir cada uno a ocupar un cargo de soldado o de fraile, es una estampa de las costumbres de la época.

Como Cervantes, el cautivo eligió la carrera de las armas. Sirve con Diego de Urbina, nombre que aparece ligado a la vida de Cervantes. Su primera hazaña transcurre en Italia como en la vida del poeta. El cautivo se alista en Flandes, pero regresa a Italia para tomar parte de la empresa que contra el turco, el universal enemigo, prepara don Juan de Austria.

Aquí aparece Cervantes describiendo sus propias hazañas. El cautivo sufre sus mismas desdichas: "Y aquel día que fué para la cristiandad tan dichoso, porque en él se desengañó el mundo y todas las naciones del error en que estaban creyendo que los turcos eran invencibles por la mar, en aquel día, digo, donde quedó el orgullo y soberbia otomana quebrantada entre tantos venturosos como allí hubo (porque más ventura tuvieron los cristianos que allí murieron que los que vivos y vencedores quedaron) yo sólo fuí el desdichado... Así pudo decir Cervantes que más le valiera morir en Lepanto que sufrir cautiverio y desdichas en Argel.

La narración del apresamiento de la galera en que iba el futuro cautivo, coincide exactamente con la desventura real de Cervantes: ficción y realidad se corresponden.

Mas adelante describe la batalla de Navarino, hechos de guerra que conoce perfectamente por haber sido testigo y actor de ellos. La narración de la toma de la Goleta y de Túnez son episodios también vividos por Cervantes que aprovecha como tema novelesco para ponerlos en boca del cautivo, pero recordando su propia heroica vida en tierras africanas.

La táctica que emplearon de construir trincheras para tomar la Goleta, los detalles numéricos sobre las fanegas, la enumeración de los jefes y de las naves —que recuerda la enumeración de las naves de la Ilíada— son minuciosos detalles que unidos a la naturalidad y verismo del relato, demuestran el episodio vivido y no oído. Sólo Cervantes, que había sufrido tantos sinsabores y desdichas, pudo escribir una página de tan crudo patetismo como la historia del cautivo.

La vida del cautivo en Argel, en los baños, que así llamaban los turcos a las prisiones donde encerraban a los cautivos cristianos, recuerdan las mil peripecias del cautivo Miguel de Cervantes Saavedra. Pero donde se observa el mejor recurso de Cervantes es cuando el cautivo nombra a un tal Saavedra, cuyas hazañas narrará el cautivo. Cervantes cautivo pasa a ser ahora, el soldado, Saavedra, trasposición que en nada varía el subjetivismo del relato, salvo en el hecho, de que Cervantes deja de personificarse en el cautivo para nombrarse por su propio apellido.

En lo demás, en la historia de Zoraida, Cervantes no hace otra cosa que adornar sus propias aventuras con motivos de amor moriscos, que recuerdan los romances de ese género tan en boga en su época.

Regresa a España Cervantes, y Don Quijote maltrecho y envejecido pierde el entusiasmo en el ideal caballeresco, el caballero Cervantes se torna menos belicoso.

Desilusionados de obtener el reconocimiento de su heroismo, cansado de postular un cargo en las Indias, o cualquiera otra prebenda que remedie su pobreza, el caballero del ideal se torna escéptico y retórico. Así se explica el discurso de las armas y de las letras, el paralelo entre los dos oficios, que ambos en experiencias y en desengaños los vivió Cervantes, el que más que elogio de la pluma y la espada me ha parecido siempre paralelo de desengaños. La transformación de las ilusiones de Cervantes en desengaños se palpitan en el personaje central de la obra genial: Don Quijote ya no es el loco acometivo de la primera parte, es el sereno y reflexivo hidalgo de la segunda parte.

Como su creador ha cosechado desengaños en las aventuras de los molinos de viento, de la venta, del vizcaíno, donde encuentra follones y malandrines que le salen al paso en todos los caminos de España. Es un Quijote cortesano en la casa de los duques, discursivo, retórico. Sanchificado, mientras Sancho se quijotiza.

En 1584 Cervantes se casa con doña Catalina de Palacios Salazar y Vozmediano, y su casamiento es un nuevo desengaño. En el Quijote encontramos un episodio que —por contraste —se corresponde con su casamiento: las bodas de Camacho.

Correspondencia irónica ante una realidad triste. Cervantes nos describe en las bodas de Camacho lo que él hubiera deseado para su vida conyugal: una unión feliz y una posición desahogada.

El cuadro descripto es un contraste vivo de su oscura vida conyugal. La abundancia y riqueza de las bodas de Camacho el rico tienen el colorido y la naturalidad voluptuosa de un cuadro de Rubens.

¡Con qué generosidad Cervantes, como un pintor voluptuoso que sufriera hambre, prodiga la riqueza en los colores, la vivacidad en los movimientos, con el relieve popular de las danzas y cantos que recuerdan las acertadas acuarelas de Lope de Vega, en las bodas de Casilda, en Peribañez!

Hay bodas en el Quijote que terminan en tragedia, las de Crisóstomo y Marcela, y otras, como las de Camacho, son la consagración de la alegría de la vida, de la ilusión y de la riqueza.

Cervantes, cosechando nuevos desengaños se refugia en la religión cristiana. Ingresa en la Cofradía del Santísimo Sacramento en 1609. El documento o partida de recepción, dice, sencillamente, así: "Recibióse en esta santa hermandad a Miguel de Cervantes y dijo que guardaría sus santas constituciones y lo firmó en Madrid a 17 de abril de 1609".

Comparad este episodio de la vida de Cervantes con la penitencia en Sierra Morena de Don Quijote. Cervantes, esclavo del santísimo sacramento recuerda a Don Quijote penitente. Don Quijote consagrado al culto del amor platónico, recuerda a Cervantes encontrando tranquilo refugio en la religión. Actos de fe en un amor ideal humano en el personaje, de fe en el amor a Dios, del creador. Momento de abandono de todas las armas y de todas las luchas, remanso para la vida activa, nepente para el dolor.

Es el descanso casi final del héroe derrotado. ¿Despúes que puede acontecer sino esperar la muerte serenamente?

Don Quijote renuncia a los ideales de toda su vida de heroicidad en un momento de claudicación imperdonable. Cervantes, ya vencido, enfermo, espera y desea el consuelo de la religión de Cristo, convirtiéndose en el esclavo del santísimo sacramento.

Momentos paralelos entre el héroe y el creador.

¿Qué piensa el hidalgo cuando hace penitencia? En obligarse, en azotarse a sí mismo, como un asceta pálido. Lo mismo hace Cervantes: se refugia en la congregación cuyas pragmáticas promete cumplir, como Don Quijote las reglas de la caballería que ha jurado.

Cervantes narra sucesos de su vida en el Quijote y convierte su libro inmortal en una autobiografía modificada, como era habitual en los escritores de la época. Ya lo había hecho él mismo en La Galatea, y algunos personajes de sus novelas ejemplares fueron modelos vivos y no ficciones: el alférez Campuzano de "El Casamiento Engañoso" fué el alférez don Alonso Campuzano que conoció en 1587; el Juez y el ganadero de la Señora Cornelia fueron amigos de Cervantes, lo mismo el don Juan de Avedaño, de "La Ilustre Fregona".

La enemistad entre Cervantes y Lope de Vega fué llevada al Quijote en el duelo entre Don Quijote y el caballero de la Blanca Luna, como antes había representado la misma rivalidad en el combate sin igual entre Don Quijote y el Caballero de los Espejos. Vencedor en uno y vencido en el otro, demuestran ambos combates las alternativas de la lucha y rivalidad entre los dos titanes de las letras. Vencido al final Cervantes, lo es más por sus desdichas, y pudo decir como Don Quijote derrotado por el Caballero de la Blanca Luna: "Soy el más desdichado caballero de la tierra y no es bien que mi flaqueza defraude esta verdad".

Lope de Vega oscureció a Cervantes en el teatro; se llevó la monarquía cómica, como dijera el derrotado caballero de su rival; pero Lope de Vega no pudo jamás superar como novelista al inmortal autor de Don Quijote. Su novela "El Peregrino en su Patria" no la leen hoy nada más que algunos eruditos.

Cervantes pudo alcanzar un desquite con aquella ironía finísima del prólogo de Don Quijote cuando dice: "Sin anotaciones en el fin del libro, como otros aunque sean fabulosos y profanos, tan llenos de sentencias de Aristóteles, de Platón y de toda la caterva de filósofos que admiran a los leyentes y tienen a sus autores por hombres leídos, eruditos y elegantes", o cuando se refiere a la lista de autores que falta en Don Quijote "por las letras del A. B. C." comenzando en Aristóteles y acabando en Xenofonte y en Zoilo o Zeuxis, aunque fué maldiciente el uno y pintor el otro", a los sonetos encomiásticos cuyos autores son duques, marqueses, y condes, obispos o poetas celebérrimos. Evidentes alusiones a los defectos del estilo afectado de Lope de Vega y a su alabanza de los poderosos.

Cuando el caballero de los espejos vence a Don Quijote aparece la continuación de las aventuras del hidalgo manchego, firmada por el Licenciado Alonso Fernández de Avellaneda, enigma no resuelto aún por la crítica, pero donde se ve la mala intención de Lope en forma directa, o bien por inspiración suya sugerida a uno de sus secuaces.

Vencido pudo declararse don Quijote—Cervantes después de esta malintencionada invención. Sin embargo, sacando fuerzas de flaqueza lucha contra su terrible adversario Lope de Vega, afortunado escritor con un peculio particular que Fitz Maurice Kelly ha calculado en los cien mil dólares, con tanta influencia en la corte como para burlar a los tribunales de la Justicia no cumpliendo las sentencias que contra él se dictaron, como en el caso de los libelos contra Elena Osorio y Jerónimo Velazquez.

En ese año las desventuras de su vida no dejaban de acumularse: tenía que luchar contra su enemigo Fernández de Avellaneda, empezaba a padecer de hidropesía, le restaban apenas dos años de vida.

En la descomunal batalla contra Lope de Vega luchaba el caballero de la triste figura con armas desiguales: Lope era rico y poderoso, alardeada de sus numerosos amigos como todo cortesano.

Cervantes, según lo afirma Avellaneda, estaba falto de amigos y los nobles se ofendían de que estampara sus nombres en sus obras, y apenas si Béjar, ignorante de la inmortalidad que conquistaba, consentía, que su nombre apareciera en la dedicatoria del Quijote, y Juan de la Cuesta, de mala gana, aceptaba el inmortal manuscrito.

Lope de Vega luchaba con armas desleales, le corroía la envidia; no era caballero, sino confidente del Duque de Sessa o algo más bajo aún. Sansón Carrasco, disfrazado de caballero de la Blanca Luna no hacía mejor papel que Lope contendiendo con el noble caballero que usaba la ironía más delicada, antes que la sátira soez.

Porque Cervantes pensó en Lope de Vega cuando compuso el capítulo LXIV de la segunda parte del Quijote. No me parece acertada la creencia de que Cervantes quiso representar a Lope de Vega en el personaje de Don Fernando. Si algunos rasgos coinciden en don Fernando con los del poeta español, es indudable que a éste le sobra grandeza y aquel apenas representa un ejemplar vulgar de una clase privilegiada y cínica.

A partir de este episodio, don Quijote pierde el entusiasmo para vivir y triunfar. Vencido sólo piensa en la muerte. Después de la publicación del Quijote de Avellaneda pocos años más vive Cervantes. Desde la aventura del caballero de la Blanca Luna, ocho capítulos le quedan a Cervantes para llegar al desencantado fin del libro: la muerte de don Quijote.

Aquí una vez más el quijotismo de Cervantes se observa como paralelismo entre su vida y su obra.

Muere Cervantes y muere don Quijote — y ambos nacen a la inmortalidad:

> "Yace aquí el hidalgo fuerte
> que a tanto extremo llegó
> de valiente, que se advierte
> que la muerte no triunfó
> de su vida con su muerte".

Cervantes presentía su inmortalidad, como la de su héroe. Esa seguridad en si mismo y en su obra, fué el sostén seguro de sus desventuras. La vida pudo ser más pródiga al genial escritor.

COMO SE DEBE LEER EL QUIJOTE

L libro que cuenta con más lectores en el mundo, traducido a innumerables idiomas, el que quizás después de la Biblia ha conquistado los sufragios de la mayoría, el Quijote, es una obra no fácil de leer. Requiere una guía o Baedeker, que, como hilo de Ariadna nos sirve para guiarnos en su Laberinto. Salvador de Madariaga publicó no hace muchos años un libro titulado: "Guía del lector del Quijote"; pero en realidad no es una verdadera guía, sino una serie de ensayos aislados, carentes de unidad, no obstante el interés individual de cada uno.

Este ensayo pretende ser una verdadera guía del lector del Quijote, del buen lector se sobrentiende, porque el mal lector es el que pasa rozando las páginas del Quijote, sin penetrar en su profundidad, o el que ríe cuando no ve en el Quijote nada más que una obra de entretenimiento.

En el Quijote, como en otras obras de su época, hay gran cantidad de material de lectura que es un peso muerto en la fluidez y naturalidad de la narración; como si coexistieran dos narradores, uno dispuesto a distraer al otro; uno que va por un camino recto y otro por uno sinuoso lleno de curvas y baches, valga la expresión criolla. Cervantes, que colocó en la manera de contar aquel cuento que cuenta Sancho Panza en la mesa de los duques (Cap. XXXI. de la Segunda Parte.) que tanto molestara al eclesiástico hasta montar en cólera por ello, un rasgo de comicidad inefable, inconscientemente cayó en una forma análoga de narración en algunos capítulos de "El Quijote".

En la costumbre de intercalar una narración en otra, por ejemplo, en la novela de "El curioso impertinente" en la plática de la venta entre Dorotea, Cardenio y el Cura, capítulo XXXII y XXXIII de la primera parte, fué imitado Cervantes por Castillo Solórzano, que en "La Garduña de Sevilla" intercala tres novelas ejemplares: "Quién todo lo quiere todo lo puede" "El Conde de las Legumbres" y "A lo que obliga el honor".

El material de relleno que tanto abunda en el Quijote constituye el tributo de Cervantes a lo convencional, y al amaneramiento de la moda. Hay dos tendencias bien definidas en el Quijote. la elaboración del personaje, su ruta, su fracaso, su muerte (Pasión y muerte), y lo convencional representado por el tributo de Cervantes tres géneros novelescos: el pastoril, el caballeresco y la picardía.

Cuando Cervantes guiado por su intuición y su genio creador sigue la línea de la narración recta, dirige la acción de su obra hacia un fin definido. Los episodios quijotescos se desarrollan con un enlace y vigor admirables, pero en cuanto asoma en Cervantes el retórico afanoso en competir con las modas de su tiempo, cuando en él no predomina la creación original, sino la imitación, surgen capítulos como el discurso de las armas y las letras, o el episodio de Marcela y Crisóstomo, y tantos otros que, con afán digresivo apartan al lector de la línea clara y perfecta de la ruta de don Quijote.

A menudo Cervantes se deja influír por las novelas de caballería, y ya no es el satírico que escribiera el Quijote para acabar con un género, sino el imitador del mismo género de que pretende burlarse.

Todos los capítulos del Quijote no son el reflejo de la realidad, como los personajes no son todos hijos de la observación de la vida circundante: hay personajes tomados de las novelas de caballería, como hay capítulos del Quijote puramente literarios. El donnonoso escrutinio de la Biblioteca de Don Quijote, es un pretexto de Cervantes para su lucimiento de crítico. Y ahí es donde precisamente falla su grandeza, porque Cervantes es genial cuando observa o describe lo real: en cambio, como crítico Cervantes es flojo, como lo demostró en: "El viaje al Parnaso".

Es curioso observar que Cervantes es un crítico genial cuando su crítica se endereza a las costumbres o a lo social, y mediocre crítico cuanto a libros se refiere. Y es que Cervantes no era un espíritu libresco. No era amante de las bibliotecas, sino de los caminos; no amaba las lecturas sosegadas, sino las aventuras, y gustaba más codearse con pícaros y truhanes que con doctos.

Su cultura era a menudo de oídas, conocía a los clásicos por traducciones, como "La Eneida" de Fernández de Castro o "La Odisea" de Gonzálo Pérez, y citaba de memoria, por lo que sus errores eran frecuentes. Don Quijote habla del Laberinto de Perseo, error evidente, pues quiso decir el Laberinto de Teseo, y en Don Quijote, erudito en leyendas y mitos no cabe decir Fritón por Frestón.

Obras como La Ilíada, La Divina Comedia y El Quijote que forman entre sí una trilogía universal, que sintetizan tres etapas fundamentales de la cultura: la Antigüedad, la Edad Media y el Renacimiento son epopeyas extensas y pueden leerse en forma fragmentaria— saboreando un capítulo o un canto, o se pueden leer de un tirón, siguiendo pacientemente la lectura a través del vasto plan concebido por el poeta. De esta lectura continuada surgió, sin duda, la idea de que Homero dormitaba.

Los poemas homéricos fueron creados para ser recitados, oídos, y el auditorio tenía la ventaja de escuchar con intermitencias las bellas rapsodias atribuídas al poeta de Smirna. Así el catálogo de las naves, que probablemente es una interpolación, no debió ser escuchado, sino agregado más adelante, cuando la epopeya se transformó de obra audible en obra escrita. No acontece lo mismo con La Divina Comedia o El Quijote, obras concebidas para ser leídas. Lectores hay que no llegaron nunca al paraíso dantesco, porque la fatiga o el aburrimiento los obligaron a detenerse en el infierno: de

ahí surgió la idea, asaz vulgar, que el infierno es superior al purgatorio o al paraíso.

Respecto al Quijote, si tenemos en cuenta las aptitudes del
lector común, se puede considerar la genial creación de Cervantes
como una obra pesada si se le considera en su totalidad: muy entre-
tenida si leemos capítulos aislados... Así el criterio antológico per-
mite una selección de los mejores capítulos del Quijote.

Una selección de capítulos —siguiendo la guía del lector del
Quijote— nos conduciría por la ruta del quijotismo esencial, esqui-
vando lo antiquijotesco de Cervantes, todo lo que es culto rendido
por el autor a lo que es convencional y perecedero. El genio creador
de Cervantes es la mejor guía, es como la corriente de un río sinuosa
y segura, en cuyo fluir tranquilo se va deslizando lo que hay de más
profundo y original de su creación.

Cervantes al concebir "El Quijote" se trazó un plan. Ese plan
lo maduró durante mucho tiempo y no fué hijo de la improvisación.
Pensó llevar a su libro muchos episodios de su vida: en el ensayo an-
terior hemos mostrado tales correspondencias. Cosa no averiguada
aún con certeza es en que lugar se escribió el Quijote, probablemente
en la cárcel, como con cierta razón se supone.

Cervantes concibió la primera parte del Quijote de una sola
vez, y en esa primera parte cabe la totalidad de su creación, lo más
esencial, pues, la aparición del Quijote de Avellaneda fué la primera
segunda parte del Quijote. En aquella época era muy común que otro
escritor escribiera la segunda parte de una obra ya famosa, como lo
prueba la segunda parte y continuación del Lazarillo de Tormes por
H. de Luna. De manera que, siguiendo una moda ya admitida, Avellaneda no hizo más que agregar su mala intención para llevar a feliz término su empresa.

Cervantes hubo de concebir su plan al escribir la segunda parte superándose a sí mismo. Se ha dicho que si la primera parte del
Quijote es genialmente inspirada, la segunda es divinamente refle-
xiva. Es en la concepción de la segunda parte donde se opera la san-
chificación de Don Quijote, donde el espíritu combativo de Cervantes
se apacigua, influyendo los desventurados episodios de su vida. Cervantes realizó un esfuerzo extraordinario para superarse a si mismo
y para vencer a su adversario.

Al concebir Cervantes la primera parte de Don Quijote tomó
como modelo las novelas de caballería. Don Quijote es un Amadís
contrahecho, caricaturizado. La intención de Cervantes fué acabar
con las novelas de caballería; pero estas novelas ya estaban en decadencia cuando escribió el Quijote, por consiguiente, no tenía ob-
jeto escribir una sátira contra un género muerto. Luego las novelas
de caballería fueron un pretexto para Cervantes para crear un personaje que superando a los caballeros andantes, sería el ideal del personaje caballeresco, el más sublime de todos. Para imaginar ese

personaje ideal que exaltara Rubén Darío en su famosa "Letanía de Nuestro Señor Don Quijote", cuya santidad intuyera nuestro Rodó al llamarlo "Cristo a la jineta", debemos despojarlo de todo lo ridículo, ver en sus fracasos lo que tiene de huero su ideal, y no pensar que el verdadero ideal fracasa: pues lo que fracasa en realidad no es el quijotismo, sino su exageración o su desacuerdo con el mundo exterior.

Es indudable que en la primera salida de Don Quijote, Cervantes no pensó en Sancho Panza. Al recordar que los caballeros andantes se acompañaban en sus aventuras de un escudero, Cervantes concibió la más feliz de sus ideas al no crear un escudero noble, como cabía en las reglas caballerescas y en la generalidad de las novelas del género, sino al concebir como escudero a un rústico gañán, a un arquetipo del pueblo, cuyo lenguaje pintoresco y coloquial, lleno de dichos y refranes, es una expresión viva del folklore. Y así surgió Sancho Panza en la imaginación de Cervantes. Y, creados los dos personajes, solo había que lanzarlos al mundo en pos de aventuras, como lo hace Cervantes, siguiendo el modelo de las novelas de caballería.

La primera salida de Don Quijote se compone de seis capítulos, de esos seis capítulos, el primero es de introducción: condición y ejercicio de Don Quijote, el sexto es ajeno a la narración quijotesca, es pura crítica literaria pretexto de Cervantes para hablar de los escritores de su época e inclusive de su propia obra. En realidad la primera salida se desarrolla en cinco aventuras: 1) La venta. 2) Don Quijote es armado caballero. 3) Aventura de Andrés. 4) Aventura de los mercaderes toledanos. 5) Regreso de Don Quijote a su aldea.

Si comparamos la escena de la venta con la aventura de Andrés, observamos la similitud de la composición de estas aventuras que difiere de la composición de las aventuras de la segunda parte. Así en la venta la escena se desarrolla en la siguiente forma: llegada de Don Quijote a la venta, saludo y diálogo con las mozas del partido, intervención del ventero, diálogo con el ventero, ofrecimiento de posada y yantar de Don Quijote. Y la aventura de Andrés: llegada de Don Quijote al bosque, saludo y diálogo con Andrés, intervención de Haldudo, diálogo con Haldu#do, zanjamiento de la cuestión discutida. Ida de Don Quijote, castigo de Andrés. En estos seis capítulos Cervantes nos ha puesto en presencia de una extraordinaria revelación. El mundo de la caballería andante en la venta, la condición de Don Quijote, la justicia del caballero de la triste figura y su fracaso, la fe como condición primordial del ideal de la vida, pues, como dice Don Quijote; "La importancia está en que sin verla lo habéis de creer, confesar, afirmar y jurar y defender", y la afirmación de la vida y de la verdad cuando dice: "Yo se quién soy" y el mundo de los romances y la verdad de un mesón español en el capítulo II.

Pero bien se ve que el quijotismo del personaje se desenvuelve en cuatro capítulos, dos son observados de la realidad, el I y el IV.

Así, siguiendo el criterio fragmentario nos encaminamos por la ruta del lector del Quijote, por el sendero del verdadero quijotismo, saltando por encima de lo que es convencional, de la imitación.

Observando la segunda salida de Don Quijote encontramos que ella se desarrolla en treinta y seis capítulos; pero la acción quijotesca comprende los capítulos VII, VIII, y X.

En el capítulo VIII termina la primera parte de Don Quijote, pues, sabido es que Cervantes había dividido la que conocemos por primera parte, en cuatro partes. Se ve una alusión bien clara cuando dice: "el cual, siéndole el cielo favorable, le habló de modo que se contará en la segunda parte".

La aventura de los molinos de viento, la batalla de Don Quijote y el vizcaíno, la aventura con los cabreros es quijotismo puro y la acción quijotesca se continúa con la acción de los desalmados yangüeses. Los capítulos VIII y XIV es llenar el búcaro con paja. Cervantes apela al recurso de intercalar fragmentos de la novela pastoril. Su pensamiento estaba fijo en "La Galatea", y con reminiscencias de "La Galatea" compone los capítulos XIII y XIV.

En el capítulo XVI se vuelve al capítulo IV. Es una variación sobre el mismo tema como en las sonatas. Cervantes emplea las mismas palabras "De lo que sucedió al ingenioso hidalgo en la venta que él imaginaba ser castillo". Y en el capítulo XXXII, encontramos una segunda variante de la venta.

Comparando el capítulo II con el XVI puede observarse una diferencia considerable en la técnica de la composición. Cervantes maneja los mismos elementos de encantamiento de la venta, que a Don Quijote siempre le parecerá castillo; pero la presentación de Don Quijote al nuevo ventero no la hace éste en primera persona, es Sancho quien presenta a Don Quijote. Las mujeres de la venta —las mozas del partido, se corresponden con la esposa del ventero, la hija y Maritornes. Aparecen arrieros como en la primera venta, pero esta vez más agresivos. Los diálogos entre la doncella y Sancho Panza se corresponden con los diálogos entre Don Quijote y las mozas del partido. El ventero es también pacífico, como el grueso ventero de la primera venta.

Los capítulos XVII y XVIII son la continuación lógica del capítulo XVI. En la aventura de la venta emplea Cervantes recursos muy manidos, como los razonamientos que pasan entre Sancho y Don Quijote, diálogos que suelen ocupar todo un capítulo.

Continúa la acción quijotesca en el capítulo XIX que tiene todas las características de un relato al estilo caballeresco. En el capítulo XX, la acción parece languidecer, sino fuera por la donosa burla de Sancho y el gracioso miedo que siente ante la noche.

La aventura y rica ganancia del yelmo de mambrino salva momentáneamente la monotonía del relato, porque aquella acción quijotesca tan firme y recia, se pierde en los siguientes capítulos en las aventuras de Sierra Morena, larga digresión a la manera de las novelas de caballería, en la que Cervantes emplea nada menos que nueve capítulos.

En este capítulo don Quijote, como en la venta, habla en un lenguaje no entendido por los demás personajes que dialogan con él: porque se deslindan perfectamente dos mundos: el mundo ideal de Don Quijote y la realidad. Esa misma posición dualista se observa en la aventura de los molinos de viento entre Sancho y Don Quijote. Sancho después se transforma, transportándose al mundo ideal de Don Quijote, mientras Don Quijote desciende a la realidad hasta el final capítulo de la muerte, por lo que se ha dicho que vive loco y muere cuerdo. La locura de Sancho Panza es una superación de su sentido de la realidad. Sancho es un complejo de buen criterio, sagacidad, flaqueza, comicidad y locura.

Y llegamos al capítulo XXXIII y XXXIV con la novela de "El curioso impertinente". Dispersión ocasional de Cervantes agotada su vena creadora. La influencia de Boccaccio, las reminiscencias de su viaje a Italia, el contacto con el humanismo inspiran esta novela ejemplar, que estuviera mejor ocupando el trigésimo lugar en su ejemplar colección, si no rompiera el clásico número doce que representa los doce trabajos de Hércules en la mitología pagana, o los doce meses del año cristiano. Cervantes se autocritica y reconoce sus defectos cuando pone en boca de Sansón Carrasco en el capítulo III, de la 2ª parte, esta observación: "Una de las tachas que ponen a tal historia, dijo el bachiller, es que su autor puso en ella una novela intitulada "El curioso impertinente"; no por mala ni por mal razonada, sino por no ser de aquel lugar, ni tiene que ver con la historia de su merced del señor Don Quijote".

Después de esta digresión retoma Cervantes la ruta quijotesca en la descomunal batalla de Don Quijote con unos cueros de vino (Cap. XXXV) y prosigue hasta el capítulo XXXVII, donde se interrumpe otra vez la acción quijotesca con un material de relleno: el discurso de las armas y las letras. Y a continuación sigue una nueva pausa en el tema esencial del libro, con otra digresión colosal: la historia del cautivo. Con novelas intercaladas, discursos y episodios de su propia vida, Cervantes compone la trama de la primera parte desde el capítulo XXXIII, hasta el capítulo XLI. Como se puede apreciar una larga digresión impropia de su espíritu creador.

Con el retorno al tema de la 3ª venta, y una nueva batalla con gente de baja extracción, que es repetir episodios ya vistos como el de la refriega con los Yangüeses, se termina penosamente la primera parte de la genial obra con solo un episodio original. El resto son disertaciones del canónigo sobre los libros de caballería, y la pendencia final del capítulo LII con los cabreros y los disciplinantes.

A través de la primera parte del Quijote mostramos la fuerza creadora de Cervantes en una línea recta y vigorosa que decae con las digresiones cuando apartándose de su plan creador cae en imitaciones para satisfacer el gusto de la época o los modelos renacentistas. Cervantes, excelente crítico de su propia obra, reconoce este defecto en el capítulo XVIII, de la segunda parte: "pero al traductor de esta historia le pareció pasar estas y otras semejanzas en silencio: porque no venían bien con el propósito principal de la historia, la cual más tiene de fuerza en la verdad que en las frías digresiones".

Si Cervantes lo afirma. ¿Qué mal que el lector inteligente lo intuya siguiendo el hilo del verdadero quijotismo, y no el de las frías digresiones? ¡Y qué Quijote denso se formaría reuniendo en un solo haz sus capítulos esenciales, despojándolo de lo que es superficial, secundario o anodino!

En la segunda parte del Quijote comienza la tercera salida del caballero de la triste figura. ¿Cuál pudo ser el plan de Cervantes en esta segunda parte? En el prólogo parece adelantar algo de su plan La obra termina con la muerte de Don Quijote, escena final de desilusión quijotesca, cuando expresa: "y que en ella le doy a Don Quijote dilatado y finalmente muerto y sepultado porque ninguno se atreva a levantarme nuevos testimonios, pues, bastan los pasados y basta también, que un hombre honrado haya dado noticias de estas discretas locuras, sin querer de nuevo entrarse en ellas; que la abundancia de las cosas aunque sean buenas, hace que no se estimen, y la carestía, aún que da las malas, se estima en algo".

Cervantes se defiende contra sus enemigos o contra terceras partes. No sea que surja un nuevo competidor. Haciendo morir a Don Quijote se esquiva el temor de una tercera parte. ¿Fué ésta la única razón que lo indujo para hacer morir a su personaje en el último capítulo? Las novelas de la época no terminaban con la muerte del héroe y menos en la cama. Lázaro se casa y su vida termina en la oscuridad de una acomodaticia transacción con la prosperidad muelle, el final de "El Buscón" es un hipotético viaje a las Indias.

Pese a lo que se afirma en contra, en la segunda parte del libro inmortal decae el espíritu caballeresco. Don Quijote se torna más cortesano y retórico, razona continuamente, vuelve a la cordura (Véase el cap. XXXII). En este mismo capítulo, en la disputa entre el eclesiástico y don Quijote encontramos la más alta profesión de fé del quijotismo; pero esa fe en la caballería no se sostiene, va desmayando hasta el final.

El capítulo final es una alarde de ironía. Don Quijote arrepentido de sus locuras, abomina de la caballería andante y de los caballeros, da razón al eclesiástico y exclama: "Yo soy enemigo de Amadís de Gaula y de toda la infinita caterva de su linaje".

Cordura que se muestra asimismo en el capítulo XVI, cuando Don Quijote adoctrina al caballero del Verde Gabán sobre los hijos, y eso no obstante los encantamientos y desencantamientos de Dulcinea que ponen siempre en evidencia la locura de Don Quijote.

La primera parte de El Quijote se compone de cuarenta y dos capítulos; la segunda, mucho más extensa de setenta y cuatro (treintaidós capítulos de diferencia). En la primera parte encontramos catorce capítulos de quijotismo: las digresiones llevan veintiocho (28) capítulos. Conclusión que nos demuestra que en la primera parte más es el tiempo que Cervantes se distrae en los aledaños del asunto, como Byron en su "Don Juan", que en lo que atañe a su héroe. Y en la segunda parte, de setenta y cuatro capítulos, solo en quince sigue a su héroe en línea recta: la proporción es aún mayor. Quiere decir que en total de ciento dieciseis capítulos, solo en veintinueve desarrolla una acción homogénea y firme, y en la mayor parte de la narración se distrae en temas ajenos a la esencial ruta quijotesca.

La tercera salida de Don Quijote comienza en el capítulo X. Los nueve capítulos anteriores representan el reposo de Don Quijote en su hogar, y como contraste, la lucha de las fuerzas contrarias que se unen para impedir la salida del caballero andante, y se desarrolla en una serie de diálogos en los que se repiten los mismos razonamientos entre Don Quijote y su sobrina, que equivalen al diálogo entre Sancho Panza y Teresa Panza. En ésta como introducción, casi toda ella desarrollada en diálogos, aparecen en evidencia las fuertes razones de los antiquijotes para impedir la salida de Don Quijote. Puesto Don Quijote en la ruta de la aventura quijoteril, ésta se desarrolla en cinco capítulos de perfecto tecnicismo y gran variedad (Capítulo X al XV). La visita de Don Quijote al Toboso representa simbólicamente la peregrinación del creyente al santuario. Porque Don Quijote sustituye el culto a Dios por el culto a la dama: así lo expresa con irrefutables argumentos Vivaldo en el capítulo XIII, de la primera parte, no obstante los razonamientos opuestos de Don Quijote.

La acción quijotesca se interrumpe, ahora, con una larga digresión, la estancia de Don Quijote en la residencia del caballero del Verde Gabán, que se corresponde exactamente con mayor extensión, con la estancia de Don Quijote en casa de los duques.

De esta manía aristocrática de Don Quijote, por la que más le da por andar por los palacios de los ricos o los nobles que en busca de aventuras por caminos o mesones, y donde más oficia de discreto que de colérico, sale ganancioso Sancho Panza que vé en la buena mesa del caballero del Verde Gabán, en la abundancia de la boda de Camacho, el rico, y en el suntuoso festín de los duques, más deleite que en compartir bellotas con los cabreros. Y como contraste cómico de la avidez de Sancho nos presenta Cervantes al Dr. Pedro Recio, interventor en los manjares de la mesa de Sancho gobernador, precursor de la dietética, diablo inquisidor de la gula.

En las escenas de la segunda parte abundan más los interiores que los exteriores: de setenta y cuatro capítulos, más de cuarenta se desarrollan en palacios y otros interiores.

Continúan las digresiones con la aventura de la cueva de Montesinos, fantasía desbordante que supera a las novelas de caballería, y a ella siguen otras, como la aventura del rebuzno, realización en episodios de un cuento ya conocido, y la aparición de Maese Pedro, pícaro cervantino perdido en el Quijote, y la aventura del barco encantado.

A partir del capítulo XIX comienza la segunda estancia de Don Quijote en recinto de sosiego y calma. El caballero de los leones pierde su acometividad, como en una Capua encantada entre falsos placeres y falsos honores. A su escudero lo convierten en gobernador de una ínsula. Todo esto es una larga digresión que comprende los episodios del palacio de los duques, la dueña dolorida, clavileño, el gobierno de la ínsula y nada tiene que ver con la pasión de la justicia, salvo algún episodio en el que en forma burlesca se ha puesto a Don Quijote en trance de ejercer su oficio de caballero andante, como en la defensa del honor de la hija de doña Rodríguez.

Caracteriza a la segunda parte, en contraste con la primera, que todas las aventuras son fingidas y en tono de burla. A Don Quijote se le preparan las aventuras, él no las busca. Es un error creer que Cervantes ha dignificado a su personaje, que lo ha hecho más heroico o más noble. Por el contrario, es más ridículo este Don Quijote juguete de la malicia de los duques, de Sansón Carrasco y de otros antiquijotes.

La digresión la emplea Cervantes en la segunda parte no solamente como sistema general, ocupando cuatro o cinco capítulos, sino dentro de un mismo capítulo. Cuando la inspiración de Cervantes sufre una fisura acude a la digresión como válvula de escape: tal es la digresión sobre la libertad y la hermosura en el capítulo LVIII.

En los capítulos referentes al gobierno de la ínsula Barataria nos ha querido demostrar Cervantes que para gobernar un reino, una ínsula o una república no se necesita el conocimiento de mucha ciencia social o política, sino buen sentido, discreción e instinto de la justicia. Se ha podido escribir un libro con las enseñanzas de un buen gobierno extraídas de esta obra, y ese libro pudo titularse: "Sancho Gobernador o Tratado Político de la Insula Barataria".

La pasión quijoteril reaparece en los capítulos LVI y LVII con la descomunal y nunca vista batalla que pasó entre Don Quijote y el lacayo Tosilos.

Desde la despedida de Don Quijote y el duque: es decir, desde que Don Quijote abandona el palacio para marchar a su aldea, nada importante acontece: dos únicas aventuras mantienen el espíritu caballeresco: la de los capítulos LXI y LXIV.

Todo lo demás es preparación para el final. Aún hay una tercera estancia en Barcelona de falsos honores y oropeles. Pero el final se aproxima lleno de tristezas y desengaños con el renunciamiento a los más altos ideales. Todo está escrito con un fin premeditado: la abdicación de Don Quijote a toda aventura caballeresca.

Decadencia y no sublimación de la caballería. En la segunda parte del Quijote Cervantes no supera el ideal caballeresco, como lo demuestra la flaqueza de su composición, por lo que dijera con razón Cervantes que nunca segundas partes fueron buenas. Demostrar lo contrario es ir contra la verdad. Le faltó inspiración, le sobró reflexión.

Cervantes obró bajo la influencia de un complejo de momentánea inferioridad: superaré o no superaré a mi rival, se dijo. Y este sentimiento debió haber influído para que no fuera tan excelente en inspiración la segunda parte.

Hemos querido demostrar en este ensayo que existen dos quijotes: uno, el verdadero, el quijotesco, que se lee con agrado y emoción, despertando entusiasmo. Es el que establece la unidad de la obra a través de todo su desarrollo; el otro, es un Quijote de relleno, de imitación, absolutamente convencional, el Quijote de las digresiones, del distraído cauce de la narración, del fluir lento y reposado. El primero nos entusiasma y nos entretiene, el segundo, nos hace olvidar a Don Quijote por las novelas ejemplares o las novelas pastoriles.

El buen lector de el Quijote debe seguir el verdadero entre las sinuosidades de este falso Quijote más digno de Avellaneda que de Cervantes.

PICAROS CERVANTINOS

N los pícaros prodiga Cervantes sus más altas cualidades de creador. Pastores, como Galatea o Erastro de "La Galatea", y reyes, como Policarpo de "Persiles y Segismunda" pertenecen a un estilo convencional, imitando de la novela milesia o pastoril. Cervantes, genio realista, como Velázquez o Quevedo, sólo puede crear lo más grande dentro de lo convencional, una sola vez en su obra: en Don Quijote; pues, el mismo Sancho está concebido dentro de un realismo que tiene su abolengo, al decir de A. Bonilla y San Martín, en el estilo sentencioso de Lucio Anneo Séneca y su precedente inmediato en los apotegmas del Ribaldo que acompaña al caballero Cifar.

Pícaros de escuela fueron Rincón y Monipodio, El Carriazo, de "La Ilustre Fregona", el sacristán de "Los Baños de Argel", Pedro de Urdemalas, El Lugo, de "El Rufián Dichoso"; Buitrago, de "El gallardo español"; el Madrigal, de "La Gran Sultana", "Trampagos, el rufián viudo", además de gitanos, rufianes de toda laya, rústicos, graciosos y truhanes.

El Carriazo, prefirió a la vida holgada, la de pícaro. Llevado por su inclinación picaresca, a los trece años desertó de su casa paterna, y tan contento de la vida libre que para él "ni el andar a pie le cansaba, ni el frío le ofendía, ni el calor le enfadaba; para él los tiempos del año le eran dulce y templada primavera; tan bien dormía en parvas como en colchones; con tanto gusto se soterraba en un pajar de un mesón, como si se acostara entre sábanas de Holanda".

Como dice Cervantes, salió tan bien con el asunto del pícaro que pudiera leer cátedra en la Facultad del famoso Alfarache.

Pero no fué un pícaro descompuesto y sucio, porque en él vió el mundo un pícaro virtuoso, limpio, bien criado y más que medianamente discreto: pasó todos los grados de pícaro, hasta que se graduó de maestro, en las Almendrabas de Zahara, donde es el finisbusterre de la picardía.

Cervantes recuerda los distintos tipos de pícaros que conociera tan de cerca: pícaros de cocina, pobres fingidos, tullidos falsos, cicateruelos de Zocodover y de la plaza de Madrid, vistosos oracioneros, esportilleros de Sevilla, mandilejos de la hampa.

Carriazo, después de vagar de pícaro vuelve a Señor. Regresa a su casa paterna como un caballero que es. (No hay novela en la picaresca en la que se vea mejor la tramutación de caballero en pícaro). Antes de hacerlo, convence a su amigo Avedaño de ingresar en la cofradía de los pícaros. Usando de sus recursos, convence a sus padres que deben costearle los estudios en Salamanca, y so pretexto de visitar la fuente de Argules, truecan sus trajes de caballeros por el sayo de pícaro, vístense a lo payo, y dejan al sirviente una compungida carta. Y helos aquí convertidos en Rinconetes y Cortadillos, buscando aventuras por los caminos de España y sin temor a la horca, ni al Conde de Puñorostro, fantasma de malhechores y holgazanes.

¿Y quién podía observar mejor que Cervantes la vida de los hampones de Sevilla? Tal vez Mateo Alemán o Espinel. El tenía, sin embargo, títulos más encumbrados para observar de visu a los ladrones y fulleros de Sevilla. Estudiante en su mocedad, recaudador de impuestos más tarde, jugador a los naipes, conoce a la perfección el lenguaje de germanía, y anduvo tan cerca de fulleros y ladrones, como si lo hubiera sido de verdad, y hasta de dudar para quien ignore su vida.

En este cuadro pintoresco y variado del mal vivir sevillano, visto con estupenda ironía por Cervantes, donde se mueven las negras figuras de Repolido y Chiquiznaque, dos muchachos pícaros, hermanos de Lazarillo, son apenas aprendices, tristes novatos, no obstante las picardías aprendidas en el camino desde la venta del Molinillo a Sevilla. ¡Angeles de ingenuidad se convierten en tiznados demonios al llegar a la escuela de Monipodio! Porque nada significan las inocentes picardías de ganar a las cartas con malas artes, algunas monedas a un arriero, o las camisas hurtadas a un francés, comparadas con las cuchilladas de Monipondio!

Rincón y Cortado cuentan su vida con desenfado. Rincón es de Fuenfrida, su padre es persona de calidad, porqué es Ministro de la Santa Cruzada; Cortado, es de Pedreso, lugar puesto entre Salamanca y Medina del Campo. Su origen es más humilde. Su padre es sastre. Le enseña su oficio y él lo ejercita a maravilla, porque no pende relicario de toca, no hay faltriquera tan escondida, que sus dedos no visiten, ni sus tijeras no corten, aunque lo estén mirando con los ojos de Argos.

Rincón y Cortado, recuerdan a Carriazo y Avedaño de "La Ilustre Fregona". Como ellos no son pícaros por vocación, sino por destino, por hastío o por deseo de conocer mundo. Porque en ellos pueden más el deseo de la aventura que soportar a una mala madrasta o a un padre excesivamente severo. Cervantes, deseoso de enmendarlos, y de que sus ejemplares novelas sean ejemplos de moral y no de la vida, como en realidad lo son, hace que Carriazo y Tomás Pedro Avedaño retornen a su vida de antes. Avedaño, de mozo de cebada se convierte en don Tomás de Avedaño y se casa con Contanza, y Diego de Carriazo, de aguador pasa a yerno del Corregidor. Se despiden de sus aventuras, de sus picardías y apenas si el "daca la cola, asturiano, asturiano, daca, la cola" por el que fuera tan conocido en Toledo torna a la memoria de Avedaño como recuerdo de mocedad.

La cueva de Monipodio, es, en cambio, del mesón de la fregona ilustre, el mundo de la picardía en pequeño. No llegan a ella, nobles en busca de hijas abandonadas, de princesas convertidas en fregonas, y si algunos arriba a sus orillas es en son de queja por unas cuchilladas mal distribuídas. Hay allí por lo menos diecisiete pícaros, cada uno en su oficio bajo férrea disciplina. Es el mundo de la holganza y del latrocinio, disciplinado por el interés.

Y como en los grandes imperios, no faltan los anales y los libros sibilinos, donde se consignan con minucioso cuidado los trabajos y los días de la cofradía de ladrones, y rufianes. Los pícaros de "Rinconete y Cortadillo" tienen nombres pintorescos y oficios variados. Hay pícaros y pícaras, como en las novelas de Castillo Solórzano, viejas y jóvenes. La vieja Pipota, es el tipo bien caracterizado de la vieja borracha y a la vez devota que se encomienda a Dios en sus oraciones "porque él nos libre y conserve en nuestro trato peligroso, sin sobresaltos de justicia"; Chiquiznaque y Maniferro son bravucones, el último es bravucón mano de hierro que la llevaba así en lugar de otra que lo habían cortado por justicia; Juliana, la Cariharta, Escalanta, la Gananciosa, son mujerzuelas que tanto sirven para un fregado como para un barrido; Ganchoso, Silbatillo, Renegado, Centopies, el Concorvado, Tagarote, Repolido, el Desmochado son rufianes secundarios, ladrones o apaleadores que tienen funciones definidas en los libros de Monipodio, entre otras, cuchilladas, palos, redomazos, untos de miera, clavazón de sambenitos y cuernos, matracas, espantos, alborotos, y cuchilladas fingidas, publicación de libelos, etc. Y entre todos ellos, Monipodio ejerce la jefatura de la escuela de latrocinio con el respeto y la obediencia que se merece un rector. El rasgo cómico de presentar con tanta compostura y orden el del hampa, es una de las más felices de la novela, de la ironía cervantina.

La enmienda de Rinconete y Cortadillo se presenta al final de la novela. Rinconete, el muchacho de buen entendimiento, y de un bien natural, que sabía algo de buen lenguaje se reía de los vocablos mal pronunciado que había oído en boca de Monipodio, y propúsose aconsejar a su compañero que no durase mucho en aquella vida tan perdida y tan mala, tan inquieta, tan libre y disoluta.

Los pícaros cervantinos son de dos clases: los verdaderos pícaros: Monipodio, Chiquiznaque, el Lugo, Buitrago, el Madrigal, que hacen y mueren en olor de picardía y delictuosidad, y los pícaros conversos que salen de una buena crianza, pasan por un estado intermedio de pícaros de ocasión, y vuelven al redil como la oveja descarriada, tal es el caso de| Carriazo y Avedaño, de Rincón y Cortado.

Pedro de Urdemalas, es el pícaro cervantino más ingenioso, más hábil, más astuto. ¿Pero, es una creación de Cervantes, como Monipodio y Rinconete? No. Urdemalas pertenece al pueblo; es una creación folklórica. Cervantes tan sagaz en asomarse al pueblo: ya sea a las capas más corrompidas, como a las más sanas: no olvidó de recoger uno de sus personajes que vive en la tradición y se conserva a través del tiempo. Urdemalas emigró a América y se llamó Malasartes o Urdimales. Personaje vivo en la imaginación popular, chispeante en la conversación y en sus dichos; pícaro en sus acciones, se convierte en la comedia de Cervantes en el hábil consejero de un alcalde ignorante. Pícaro e ingenioso aparece en la solución del pleito de los seis reales que resuelve el alcalde Crespo por consejo de Urdemalas, Urdemalas o Pedro de Urde, como también se le llama, cuenta su origen y su vida azarosa.

Dice que es hijo de la piedra, porque padre no conoció, ni sabe donde lo criaron: solo sabe que es uno de esos niños de doctrina, sarnosos que andan por ahí. En esa vida desastrada aprendió sus oraciones. Aquellas que en la jornada le sirven para impresionar a los crédulos con caudal de supersticiones populares: la oración del ánima sola, la de San Pancracio, la de San Quirco y Acacio, y la de Olalla, y las otras que sin ser santas, son curativas, para los sabañones, para curar la tericia y para resolver la escrófula.

Con estas argucias de pícaro hábil, cínico, astuto, engatusa a una vieja avara, haciéndose pasar por alma del purgatorio enviada sobre la tierra para recoger las ofrendas de los vivos y ascender al cielo a sus muertos.

Reune el Pedro de Urdemalas de Cervantes los requisitos del gran farsante: buena memoria, suelta lengua, buen talle, no poner mengua de gastos, etc. En esta comedia de Cervantes, además del personaje, espejo de pícaros, interesan al folklorista, los ritos populares de la noche de San Juan.

Trampagos, el rufián viudo del entremés. "El rufián viudo, llamado Trampagos", es personaje de la escuela de Crito y Centurio, como Repulida y Pizpita, recuerdan a Elicia y a Areusa. ¿Cervantes, al crearlos tuvo presente en su memoria a los pícaros celestinescos de Fernando de Rojas?

No olvidemos, sin embargo, que Cervantes elaboró estos personajes con modelos vivos, los del hampa sevillana.

En el entremés de los rufianes, reaparecen personajes de Rinconete y Cortadillo, Chiquiznaque y la Repolida. El entremés "El rufián viudo" es posterior a la novela ejemplar: Rinconete fué escrita según las mayores probabilidades antes de 1606 (En el Quijote de 1605 se cita su título) los entremeses según la más segura probabilidad, son de 1612. También se encuentran personajes de las jácaras de Quevedo, como Escarramán.

Tenemos fundadas razones para creer que Escarramán era un tipo popular. La coincidencia entre Quevedo y Cervantes parece probarlo. Las coplas intercaladas por Cervantes , en "El rufián Viudo" son de cuño evidentemente popular:

"ya salió de las gurapas
el valiente Escarramán
para asombros de la gura
y para bien de su mal".

En el entremés de Cervantes se repiten algunos recursos de Rinconete: la falsa alarma cuando se cree que llega la justicia, y cierta ironía contra la venalidad de la misma.

En Rinconete y Cortadillo y en el Rufián Viudo, se observa la gran variedad del cuadro picaresco: las primeras escenas de Rinconete trasuntan la perspectiva de la picardía ingenua de Rincón y Cortado: ingenuos por la autocreencia en su empirismo y en su capacidad para el mal; en la cueva de Monipondio, es el ambiente de ladrones consumados; en "El rufián viudo" el hampa rufianesca es presentada en los siguientes cuadros: 1º Presentación de Trampagos, y de su criado, Vademecun, y su lamentación por la muerte de su querida, la Pericona. 2º Entra Chiquiznaque, rufián. 3º Presentación de nuevos personajes: la Repulida, la Pizpita, la Mostrenca y el rufián Juan Claros. 4º Falsa alarma sobre la llegada de la justicia. 5º Espectacular llegada de Escarramán que cuenta su historia y cautiverio. 6º Epílogo, Música y cantos (como en las églogas de Encina).

Buitrago, el pícaro cervantino de "El Gallardo Español", es el soldado lleno de bravatas:

"que Buitrago apagó
con fuerte acero
del moro infame
la amorosa llama"

Hace burlas de quienes le niegan la blanca, de tal manera que Vozmediano le dice:

"Esa es manera de hacer sacar la espada
y no el dinero".

Se presenta con la espada sin vaina, atada con un ovillo, tiros de soga; finalmente, muy mal parado, trae una tablilla con demanda de las ánimas del purgatorio y pide por ellas.

Es un soldado fanfarrón que recuerda a Estebanillo González, hombre de buen humor. El traje es entre pícaro y salvaje, pero él dice que ese sayal envuelve a todo un linajudo personaje. Como todo soldado aventurero y fanfarrón, no teme a nada, y menos al hambre:

"Yo señor, bien puedo
hablar, pues, soy soldado
Tal que al hambre sola
tengo miedo".

Como el verdadero pícaro; se ignora el hambre que pasa, pues, sabe disimular ocultando su pobreza.

El sacristán de "Los baños de Argel" es personaje más pintoresco que Buitrago. Dice llamarse, Tristán, porque al fin los pícaros nunca se sabe como se llaman. Su tierra no figura en el mapa.Es de Mollondo, un escondido lugar de Castilla, la Vieja. Ante Baxí, finge ser músico, y se da a conocer en su oficio por el tañer, toca el din, el don y el dan. Es humorista y bufón. ¿No sabrás tirar un remo? No señor, porque temo reventar que soy quebrado. Así, graciosamente, rehuye todo trabajo, hurta a un judío con las mismas mañas de Rincón. Es la ruina de la judería. Así se queja un judío de sus latrocinios. Es tipo pintoresco, burlón, ladrón, desvergonzado:

"Echadle fuera a este loco
No, señor,
Que cuanto dice es donaire
y es bufón el pecador."

El Madrigal de "La Gran Sultana", como otros graciosos y pícaros de las comedias cervantinas, es cautivo español en tierras de la morería, y muestra su inquina contra herejes judíos, haciéndolos frecuentemente víctimas de sus diabluras.

Madrigal echa un pedazo de puerco en un guisado que llaman boronía, que preparan los judíos, estropeando la cazuela. Llueven las maldiciones de los judíos contra el cautivo:

"Ah, perro
El Dios te maldiga y te confunda
jamás la libertad amada alcances"

Pero Madrigal no se conforma con estropear el suculento plato del judío, lo hace agachar y le quiebra la sienes:

"¡Hay sin ventura!
Que entreambas sienes me ha quebrado!
ay triste!

Es Madrigal tan sagaz que hace hablar a un elegante ante el asombro de un Cadi, y le enseña el vizcaíno y es capaz de hacerle hablar todas las lenguas romances.

Después Madrigal se transforma en sastre, sin saber puntada, en músico sin conocer las notas, y al fin, después de muchas picardías, se libera de educar al elefante, y se embarca para España, libre de su cautiverio y con mil hazañas que narrar.

En "El rufián dichoso" —cuya acción se desarrolla en Sevilla— se repite la misma escenografía del Rufián Viudo, llamado Trampagos: alguaciles y corchetes sobornados, ambiente del hampa rufianesca.

Lugo muestra su destreza de pícaro en una de las escenas de "El rufián dichoso", engañando al esposo de la dama, que disfrazada, y en presencia del esposo y de Lugo, teme por su vida, si es descubierta.

El alguacil frente al amo, el Licenciado Telles de Sandoval, lo presenta como el más desenfadado pícaro rufián que vieron las Españas.

"Otras cien mil diabluras
esto de valentón le vuelve loco;
aquí riñe, allí hiere, allí se arroja,
Y es en el trato airado el rey y el coco
con una daga que le sirve de hoja,
Y un broquel que pendiente tray al lado,
sale con lo que quiere o se le antoja;
Es toda la hampa respetado,
Averigua pendencias y las hace.
Estafa y es señor de los guisado,
Entre rufos él hace y él deshace,
El Corral de los Olmos le da parias,
Y en el dar cantaletas se complace".

Lugo, es rufián que desata pasiones de amor: la dama embozada y Antonia, mujer del trato, se mueren por él. Esta última teje su elogio de buen varón:

"Que el mancebo es de manera,
que puede llevar de quiera
Entre mil bonatos palma.
Verdad es que él es travieso,
matante, acuchillador;
Pero en cosas del amor
por un leño le confieso".

Se trata de justificar ante si mismo y ante los demás, con devociones retaseadas, mostrando con picaresco desdén que tiene por futilezas las barrabasadas que hace:

"Que todas son liviandades
de mozo las que me culpan,
Y a mi mismo me disculpan,
Pues no llegan a maldades.
Estas son, cortar la cara
a un valentón arrogante;
una matraca pirante
aguda, graciosa y rara;
calcorrear diez pasteles
o cajas de diacitrón;
sustanciar una quistión
entre dos jaques noveles.

. . . .
Procurar que ningún rufe
se entone do yo estuviere".

Cristóban de Lugo se tranforma más tarde en Fray Cristóbal de la Cruz. Su antiguo compañero del hampa se hace monje también, pero sus recuerdos lo transportan a sus buenos tiempos de rufián, los que añora. No así el padre Cruz que se ha transformado en un santo varón, abominado de todo su pasado de ignominia. La escena se transporta de Sevilla a México. El Padre Cruz, en trance de muerte, socorre a doña Ana de Treviño, gran pecadora. La convence que salve su alma cargando a su cuenta todos sus pecados, y por fiador pone a la virgen y a su hijo. Accede la dama y el padre Cruz carga con sus pecados, muere leproso y en olor de santidad. Así termina esta comedia de santos, donde un rufián se convierte en santo por milagro de la fe. La grandiosidad del tema es digna de "El Condenado por desconfiado" y de "La devoción de la cruz". Cervantes capta con más ingenio y verdad la picaresca vida de los rufianes que las devociones de la cruz: por ello su comedia es un cuadro realista aún en los momentos más devotos.

F I N

Los dos primeros ensayos fueron premiados
por la Academia Nacional de Letras el 27 de
Agosto de 1948. — Mi agradecimiento a la
colaboradora Elsa F. Tajes en la parte orna-
mental de estos ensayos, y a la Editorial Florensa
y Lafon por su aporte gráfico.

INDICE

ESTE LIBRO SE TERMINÓ DE IMPRIMIR EL
DÍA 8 DE ENERO DE 1952 EN LOS TA-
LLERES GRÁFICOS DE LA EDITORIAL
FLORENSA & LAFON — PIEDRAS 346
TELÉFONO 8 36 03 - MONTEVIDEO.

Made in the USA
Monee, IL
18 August 2025

23636754R00024